DESARROLLA TU ASERTIVIDAD

Los secretos para reafirmarse
sin aplastar a los demás

Por Véronique Bronckart

Traducido por Laura Soler Pinson

Coaching en50MINUTOS.es

LA ASERTIVIDAD

- **¿Problemática?** ¿Cómo defender nuestro punto de vista y nuestras necesidades sin dejar de respetar los de los demás?
- **¿Utilidad?** Reafirmarse siendo uno mismo, sin parecer arrogante o agresivo, permite desarrollar una comunicación eficaz y sana en la empresa.
- **¿Contexto profesional?** Relaciones profesionales, desarrollo personal, psicología social, gestión, gestión de conflictos.
- **¿Preguntas frecuentes?**
  - ¿Qué es la asertividad?
  - ¿En qué situaciones me puede servir la asertividad?
  - ¿Cómo ser asertivo sin parecer agresivo o arrogante?
  - ¿Asertividad o egoísmo?
  - ¿Cómo cambiar mi comportamiento para ser más asertivo?
  - ¿Qué impacto puede tener la asertividad en mi vida profesional?

Tanto en la vida privada como en la profesional, nos enfrentamos de manera regular a peticiones que nos molestan porque son demasiado recurrentes o porque no se corresponden con nuestros valores. Y, con demasiada frecuencia, no nos atrevemos a decir «no» porque tememos decepcionar o porque queremos evitar un conflicto, y eso a pesar de la frustración, la tristeza o la ira que esta situación nos provoca. ¿Cómo podemos evitar esto? ¿Cómo hacer para no contentarse con responder un «como quieras»? ¿Cómo reafirmarse sin provocar un conflicto o decepción? ¿Cómo evitar herir a los que nos rodean mientras defendemos nuestros derechos?

Solo existe una solución: la asertividad. Este comportamiento a veces se confunde con la arrogancia o la agresividad; sin embargo, no tienen nada que ver. En efecto, mientras que un comportamiento agresivo tiene por objeto dañar a otro y que la arrogancia es una especie de desprecio hacia el interlocutor, la asertividad, por su parte, busca el respeto del otro y de sí mismo. Sin embargo, la línea entre ambas actitudes es delgada y basta con un pequeño error para ser considerado amenazante en vez de benevolente. Por lo tanto, es necesario comunicar de manera adecuada. Para ello, hace falta un buen conocimiento de nosotros mismos, de nuestras necesidades y de nuestros valores.

Si tú también tienes dificultades para argumentar, para decir «no» o si no te atreves a reafirmarte en una reunión frente a tus colegas o a tu superior jerárquico, este libro te ayudará a salir de esas situaciones. Descubre en 50 minutos las claves que te permitirán desarrollar tu asertividad a través de etapas, consejos y ejercicios.

EL ABECÉ DEL ASERTIVO POTENCIAL

¿QUÉ ES LA ASERTIVIDAD?

La asertividad, palabra que viene del inglés *to assert*, «reafirmarse», designa la capacidad para expresarse y para defender nuestros derechos y opiniones, siempre respetando los de los demás. En efecto, un comportamiento asertivo consiste en enunciar de manera directa y honesta nuestras necesidades, nuestras emociones, nuestros límites o nuestras convicciones con confianza y seguridad, sin frustrar por ello al interlocutor.

Desgraciadamente, tras una mala comunicación o una interpretación errónea, la asertividad se percibe a menudo como agresividad o arrogancia, aun cuando su objetivo es el de garantizar el respeto mutuo y no dañar al otro. Esta tabla comparativa de los diferentes comportamientos de los individuos en el marco de las relaciones profesionales te ayudará a comprender mejor el concepto:

Los distintos comportamientos en la empresa

LA HUIDA	Actitud de defensa. No aporta ninguna solución y aplaza sin cesar el problema.
LA PASIVIDAD	Actitud de complacencia que puede compararse a la huida y que generalmente se debe a la incapacidad para expresarse por una falta de confianza en uno mismo. Esto puede generar una autonegación.
LA ASERTIVIDAD	Actitud calculada, basada en el respeto de uno mismo y del otro, que apela a una capacidad de comunicación directa, honesta y apropiada ante una situación. Este comportamiento favorece unas relaciones profesionales sanas y eficaces.
LA MANIPULACIÓN	Actitud dominadora que orienta la conducta y las opiniones de una persona a través de la astucia. El objetivo es alcanzar el objetivo a cualquier precio, arriesgándose a crear conflictos. Este comportamiento es una falta de respeto hacia el otro.
LA AGRESIVIDAD	Actitud ofensiva que tiene una repercusión muy negativa y cuyo objetivo es dañar al otro. Este comportamiento violento no aporta nada positivo y puede derivar en un rechazo del entorno.

SU UTILIDAD EN EL MARCO PROFESIONAL

La asertividad desempeña un lugar importante en el marco de las relaciones profesionales o en situaciones de gestión:

- tus relaciones profesionales mejoran y se vuelven sanas gracias a la expresión clara y honesta de las respectivas necesidades;

- desarrollas tu inteligencia relacional, es decir, la capacidad de adaptar tu modo de comunicación en función de tu interlocutor y de la situación, y favoreces que tus compañeros se sientan cómodos;
- aumentas tus posibilidades de ganar las negociaciones y de concluir con firmeza tus contratos;
- reduces las fuentes de estrés y los riesgos de *burn out* cuando te atreves a decir «no» con educación a tus colegas cuando estás sobrecargado;
- refuerzas tu confianza y el sentimiento de seguridad de tu personal con respecto a ti cuando asumes tus responsabilidades y tu postura;
- aprendes a formular críticas constructivas para apoyar el cambio de actos o de comportamientos para alcanzar los objetivos fijados;
- desbaratas los juegos de poder y las manipulaciones siendo honesto contigo mismo, respetando tus necesidades y las de los demás;
- para acabar, mejoras tu bienestar.

UN IMPACTO EN TODA LA EMPRESA

Basta que una o dos personas desarrollen este comportamiento positivo para que se sientan las consecuencias en el ambiente general de la empresa. Los intercambios entre los departamentos y las reuniones ganan en eficacia, puesto que la comunicación es mejor. Se definen mejor los objetivos, y se identifican claramente el papel y la aportación de cada uno, lo que también puede disminuir las fuentes de conflictos. Ocurre lo mismo con las actitudes negativas: tratar a los colegas con desprecio los llevará a reproducir el mismo esquema. Actúa en consecuencia por tu bienestar y el de tu equipo.

¿CÓMO ATREVERSE A EXPRESARSE?

Las etapas de la asertividad

Para atreverse a expresarse, hace falta que aprendas a conocerte, a respetarte, a dominar tus emociones y a comunicar tus expectativas, siempre limitando los inconvenientes que podrías causar en tu interlocutor. Si esto te parece complicado, puedes seguir las etapas de la figura anterior, que te simplificarán la tarea.

Conocimiento de uno mismo

La primera etapa hacia la asertividad pasa por tomar conciencia de nuestras necesidades, nuestros miedos, nuestros valores y nuestros límites para aceptarlos. Para ello, pregúntate: «¿Qué necesito? ¿Qué es importante para mí? ¿Qué me motiva? ¿A qué le tengo miedo? ¿Qué me molesta de esta situación? ¿Qué emociones provoca esta situación en mí? ¿Cuáles son mis límites?». Delimitar este contexto te ayudará a discernir qué es fundamental para ti: es inútil reafirmarte y argumentar sobre todos los temas, concéntrate en los que sean sumamente importantes para ti.

TRES CATEGORÍAS DE LÍMITES

Cabe señalar que existen diferentes formas de límites. Encontramos aquellos vinculados con:

- **lo «posible» y lo «imposible».** Se trata de diferenciar lo que se puede llevar a cabo de verdad, desde un punto de vista físico, de lo que no se puede efectuar. Por ejemplo, te resultará imposible enviar un correo electrónico si no funciona tu conexión a internet;
- **el reglamento y las normas**. Esto atañe esen-

cialmente a actos o comportamientos que no respetan las reglas implementadas, aparezcan en un reglamento, en una ley o que deriven de las normas de la sociedad. Por ejemplo, fumar durante una reunión se considerará inapropiado;

- **tus valores, tus creencias y tus necesidades.** Estos límites aparecen cuando las acciones o las tareas que se te piden provocan en ti un sentimiento de frustración, de malestar o de ira, puesto que son contrarias a tus valores, no respetan tus creencias o te impiden satisfacer tus propias necesidades. Nos referimos principalmente a esta categoría de límites cuando hablamos de un comportamiento asertivo. Imagina que tu compañero te pide que modifiques una cifra que aparece en un documento contable para ocultar un error que ha cometido: no solo va contra las reglas, sino también contra uno de tus valores, la honestidad. Otro caso: tu jefe te pide que te quedes hasta más tarde para acabar un informe, pero te han invitado al restaurante para celebrar el cumpleaños de un amigo: esto contraria tus planes, puesto que necesitabas estar disponible esta noche.

Me respeto, te respeto, respétame

Como hemos explicado más arriba, la asertividad se basa en el respeto de uno mismo y de los demás. Respetarse pasa por la capacidad para comunicar consigo mismo. No se trata de llevar a cabo un monólogo interno, sino de tomar conciencia de quién eres y de aceptarlo (tu personalidad), qué eres (tu comportamiento y tus actos), qué sabes hacer (competencias, capacidades) y qué es importante para ti (valores, deseos, necesidades). A continuación, podrás actuar de acuerdo contigo mismo y evitarás cualquier fuente de frustración, de malestar o de estrés. Pongamos un ejemplo: uno de tus colegas te pide que lo ayudes a terminar un informe. Te incomoda que te pregunte, puesto que tienes mucho trabajo por hacer y sabes que, si aceptas, te retrasarás, y esto te molesta por encima de todo. Por lo tanto, aligerar la carga de tu empleado —que, por otra parte, conformaría una marca de escucha y de respeto hacia él— se haría en detrimento de tu bienestar. Eso sí, esto no quiere decir que tengas que rechazar sistemáticamente las peticiones de tu interlocutor sin escucharlo. Para respetar a las dos partes, analiza las necesidades de cada uno y busca un compromiso: explica a tu colega que debes acabar un informe urgente, pero que cuando acabes tu tarea, podrás ayudarlo. Esta solución responde a las distintas formas de respeto:

Formas de respeto

Te respeto	«Sabes que siempre acepto ayudarte»
Me respeto	«Sin embargo, te ayudaré cuando acabe mi informe urgente»
Respétame	«Si me hubieses avisado antes, habría podido organizarme»

Para asegurarte de que respetas tu integridad y la de tu

interlocutor, utiliza las posiciones existenciales del análisis transaccional que permite analizar y comprender lo que sucede en una relación entre distintas personas y tomar conciencia de ello. La posición existencial, concepto desarrollado por el psicólogo estadounidense Eric Berne (1910-1970), representa el valor que nos atribuimos a nosotros y que atribuimos a los demás. Separamos la idea positiva (llamada «OK» en análisis transaccional y representada por un «+») que tenemos de nosotros, de los demás y del mundo, de la idea negativa («no OK», simbolizada con un «-»). Así, el autor establece cuatro posiciones existenciales:

Posiciones existenciales

OK/OK (+/+)	OK/NO OK (+/-)
Respeto mutuo e igualdad entre las partes. Relación basada en el intercambio, en el acto de compartir y en la colaboración para alcanzar un resultado con el que todo el mundo gane.	Estás en la posición dominadora tras haber impuesto tu idea o tu petición al otro sin haber tenido en cuenta sus necesidades o sus sensaciones. A menudo, este comportamiento es el de una persona que se sobrestima y piensa ser superior al resto.
NO OK/OK (-/+)	**NO OK/NO OK (-/-)**
Has adoptado una posición sumisa y has aceptado la petición del otro sin dar a conocer tu opinión o tu necesidad. Esta actitud viene a menudo de la imagen negativa que una persona tiene de sí misma y de una falta de autoconfianza.	Posición de fracaso que no lleva a ninguna parte, puesto que ambas están en oposición frontal. Esto puede ser el resultado de una falta de autoconocimiento, una falta de escucha y de apertura, y una ausencia de intercambio entre los interlocutores.

Para tener en cuenta a la vez tus necesidades y las de los demás, intenta alcanzar la posición existencial «+/+».

Abrirse antes de reafirmarse

Ser asertivo también significa atreverse a expresarse o a negarse, siempre manteniéndose abierto y comunicativo. Para alcanzar un equilibrio óptimo, es necesario escuchar al otro, comprenderlo, aceptar su postura y entender sus necesidades antes de que presentemos las nuestras. Nos olvidamos de tener en cuenta a nuestro interlocutor con demasiada frecuencia. Así sucede cuando, por ejemplo, un asistente de dirección que ha recibido la orden de no pasar ninguna llamada a su jefe se limita a contestar que este último no está disponible. No se plantea el grado de importancia de esa llamada y de las repercusiones que puede provocar si la persona no logra contactarlo. Muéstrate siempre abierto con tu interlocutor y deja que te transmita lo que quiere decirte.

Dominar sus emociones

Las emociones que sentimos en el día a día nos definen como ser humano. Pero en caso de estrés, nos invaden, nos impiden pensar correctamente y pueden llevarnos a cometer errores. Entre otras, está la angustia provocada por la anticipación a un posible fracaso, la decepción originada por una insatisfacción con respecto a una situación o la ira que se traduce en un gran descontento o, incluso, en violencia física. Cuando nos dejamos llevar por nuestras emociones, la situación se nos puede ir rápidamente de las manos. Para evitarlo, la clave consiste en desarrollar una mejor percepción cognitiva de lo que sucede cuando nos encontramos en ese estado.

Para darte cuenta, analiza una situación de conflicto reciente y pregúntate: «¿Qué he sentido en esta situación? ¿Por qué ha despertado ira, angustia o tristeza en mí? ¿He podido aceptar este sentimiento? ¿Lo he expresado? ¿Cómo? ¿Cómo lo he canalizado?». Estas preguntas te permitirán comprender e identificar la causa de tus emociones y podrás dominarlas más fácilmente.

Por ejemplo, tu jefe te pide un día que te quedes una hora más para acabar un informe, aunque tienes que ir a la escuela a recoger a tus hijos. Si tiendes a someterte por miedo a no satisfacerlo, probablemente sentirás en ese momento una mezcla de miedo (tienes miedo de reafirmarte, puesto que representa a la autoridad), de frustración (no te atreves a transmitir tus necesidades) y de tristeza (habías prometido a tus hijos que irías). Si analizas la situación, entiendes la razón de estas sensaciones y trabajas para canalizarlas, lograrás gestionarlas mejor y, al final, te atreverás a imponerte.

Atreverse a decir

Y es que atreverse a hablar no siempre es fácil. Utilizamos la excusa de querer ser indulgente con el otro para tender a no expresarnos por miedo a su reacción o porque nos avergonzamos de nuestras ideas. Así, preferimos dar prioridad a las necesidades y a los deseos del otro por encima de los nuestros. De esta manera, cuando uno de tus compañeros te propone que participes en un seminario que no te interesa, en vez de aceptar por educación, atrévete a decirle lo que sientes y a declinar su invitación. Si tu empleado se ofende, explícale con tranquilidad la situación: «No creo que participar en este seminario me resulte útil, puesto que el tema que se trata no tiene que ver con mi ámbito profesional». El silencio no es una solución, puesto que puede originar un sentimiento de frustración o de ira en tu interlocutor, y eso deteriorará vuestra relación. Nadie puede adivinar lo que sientes si no lo expresas.

Una buena comunicación

El primer paso es tomar conciencia de la necesidad de expresarse. Pero, ¿cómo hacerlo concretamente? Empieza por preparar tu elocución basándote en hechos reales y tangibles empleando la técnica de las cinco W y una H: «*Who? What? Where? When? How? Why or for what?*», o traducido al castellano, ¿quién?, ¿qué?, ¿dónde?, ¿cuándo?, ¿cómo? y ¿por qué o para qué? Se trata de presentar los elementos de manera precisa y objetiva sin hablar de generalidades, de opiniones personales o de acusaciones. Si te basas en información que dominas, ganarás en seguridad y te expresarás con más soltura, puesto que tus ideas no podrán ser puestas en entredicho fácilmente.

Adopta una comunicación serena y apropiada para expresar

tus sensaciones y tus necesidades. Esto disminuirá las tensiones y facilitará la comprensión de cada uno. Dale sentido a tus palabras y formula peticiones claras y concisas asegurándote de que tendrán una consecuencia positiva para ambas partes. Durante el intercambio, deja también que tu interlocutor se exprese y escucha su punto de vista. Los ejemplos que presentamos a continuación muestran las actitudes que hay que evitar y las que hay que adoptar para desarrollar un comportamiento asertivo.

Ejemplos de comunicación asertiva

Comportamientos que deben evitarse	Comportamiento asertivo
«¡Tus expedientes nunca están ordenados! ¡Eres realmente descuidado! Estamos todos hartos, perdemos demasiado tiempo buscando los documentos».	«Hace dos semanas que los expedientes de los clientes no se ordenan. Esta situación nos irrita porque encontrarlos nos lleva demasiado tiempo. Organízate para ordenarlos hoy por la mañana para que podamos tratar las peticiones de los clientes con la mayor brevedad posible».
«No me puedo quedar hasta más tarde».	«Soy consciente de que se trata de un expediente importante, pero hoy tengo que irme a tiempo de la oficina, puesto que tengo una cita prevista. Deberías habérmelo pedido antes, así podría haberme organizado. Sin embargo, si estás de acuerdo, mañana por la mañana puedo llegar antes para acabar este trabajo».
«No, imposible».	«No podemos enviar este informe hoy por la mañana porque la impresora se ha averiado y estamos esperando al servicio técnico. Pero, mientras tanto, puedo enviarlo por correo electrónico».
«Como quieras...».	«Entiendo tu petición, pero me molesta tratar este expediente de esta manera: prefiero ser honesto con el cliente».

Pequeño plus

Tras haber escuchado a tu interlocutor y haber expresado tus necesidades, finaliza el intercambio con una nota positiva buscando un compromiso. No olvides las palabras clave de la asertividad: empatía, afirmación de uno mismo y respeto del otro.

LOS MEJORES CONSEJOS

- **Ni erizo, ni felpudo**. Si te muestras pasivo, comprometes tu propio bienestar, pero si eres agresivo, corres el riesgo de convertirte en el paria de la empresa. Encuentra el punto medio: un comportamiento asertivo consiste en afirmar y respetar tus necesidades, tus límites o tu opinión con indulgencia y firmeza, sin imponérselos a los demás.
- **Aprende a conocerte**. Para poder reafirmarte, toma conciencia de tus valores, de tus temores, de tus emociones, de tus necesidades y de tus límites. Te resultará imposible expresarlos con autenticidad si los ignoras.
- **Respétate y respeta a tu interlocutor**. Para ello, expresa tus necesidades y tus sensaciones. Callarlos generaría frustración o estrés. Respetarse también es saber decir «no» cuando lo exija la situación. Además, escuchar y comprender al otro no basta; tienes que asegurarte de que tus ideas y tus reflexiones tienen en cuenta los intereses de tu interlocutor.
- **Ábrete al otro**. Antes de expresarte, escucha al otro, muéstrate abierto a sus sensaciones y a sus reflexiones para entender sus intereses y para encontrar un compromiso con los tuyos.
- **Expresa tus emociones**. En una situación difícil o de conflicto, identifica, acepta y canaliza las emociones que sientes (ira, tristeza, etc.) para que no te invadan. Utilízalas de manera positiva comunicándolas de manera clara a tu interlocutor para que este último entienda el impacto que sus palabras y actos tienen sobre ti. Si reac-

cionas apasionadamente sin dar una razón, ofrecerás una imagen de una persona imponente, lunática, colérica, pero para nada asertiva.

- **Hazte las preguntas adecuadas**. Se trata de analizar la situación para entenderla y abordarla mejor. Pregúntate qué te molesta; cuáles son tus necesidades y las del otro; qué tipo de límite ha traspasado; etc. Para acabar, desbloquea la situación haciendo esta pregunta: «¿Qué solución sería ventajosa para todos?».
- **Atrévete a decir «no»**. Relativiza: rechazar una petición no siempre origina grandes catástrofes. Eso no quiere decir que haya que rechazarlas todas; analízalas y mide las consecuencias antes de tomar una decisión: «¿Cuáles serán las ventajas y los inconvenientes si acepto?».
- **Concluye con una nota positiva**. Tal y como se señala en el cuadro de la comunicación no violenta, es muy importante terminar el diálogo con un acuerdo que beneficie a ambas partes. No olvides agradecer a tu interlocutor la atención que te ha prestado durante el intercambio.

LA ASERTIVIDAD EN LA COMUNICACIÓN NO VIOLENTA

La asertividad es una de las capacidades de comunicación fundamentales en el marco de la comunicación no violenta, método elaborado por el psicólogo estadounidense Marshall Rosenberg (1934-2015). Mientras que la asertividad corresponde a una actitud, la comunicación no violenta remite directamente a una técnica de comunicación. Ambas se basan en la autenticidad, la empatía y el respeto y sirven para expresarse de manera clara y firme, pero sin agresividad, para estar en armonía con uno mismo, siempre teniendo en cuenta las necesidades del otro.

- **Escoge tus palabras y tus gestos**. Para reafirmarte sin parecer agresivo, es importante que emplees un vocabulario calmado, respetuoso y adaptado a la situación. Controla también tu voz: no hables demasiado fuerte y mantén un tono neutro. El lenguaje corporal también ocupa un papel esencial. Por lo tanto, cuida tus gestos (por ejemplo, apuntar a alguien con el dedo puede considerarse una agresión) y las expresiones de tu cara (evita las sonrisas burlonas). Mantente recto para dar una imagen de persona segura de sí misma y firme.
- **No cedas**. Si quieres desarrollar un comportamiento asertivo, sé coherente con tus ideas y mantente firme en tu postura. Si cedes, te arriesgas a perder toda credibilidad frente a tu interlocutor, que ya no tendrá en cuenta tus palabras en vuestro próximo intercambio.
- **Toma distancia**. Incluso si estás convencido de conocer tus necesidades en un momento dado, es posible que, en frío, cambies de parecer. No tomes decisiones importantes bajo el influjo de las emociones.

Guiño del empleado

Atreverse a reafirmarse no significa ser desagradable o arrogante. Cuando muestras asertividad, das la imagen de una persona confiada y tranquilizadora, lo que mejorará tus relaciones con tus empleados y con tus superiores jerárquicos. Sin embargo, sigue siendo tú mismo: si eres reservado, no hace falta que te fuerces a imponerte de forma exagerada, siempre y cuando no sientas que te pisotean. No existe un único tipo de asertividad, así que hazla encajar con tu personalidad.

PREGUNTAS FRECUENTES

¿QUÉ ES LA ASERTIVIDAD?

Se trata de un comportamiento y de un modo de comunicación basados en el respeto a uno mismo y a los demás. La asertividad nos invita a reafirmarnos, a expresar nuestras necesidades o nuestro punto de vista y a defender nuestros intereses, siempre respetando los de tu interlocutor. Una persona asertiva se atreve a decir lo que piensa con confianza y seguridad, manteniéndose abierta e indulgente. Al desarrollar esta actitud, mejorarán tus relaciones profesionales y tu bienestar.

¿EN QUÉ SITUACIONES ME PUEDE SERVIR LA ASERTIVIDAD?

Este comportamiento puede ser útil en una gran cantidad de situaciones frente a un superior o a un compañero, ya sea en una reunión o durante una discrepancia. La asertividad también es muy apropiada en el marco de la comunicación no violenta.

DIRIGIRSE A LA PERSONA ADECUADA

Cabe señalar que es esencial mostrarse asertivo con la persona adecuada. Y es que reafirmar tu opinión frente a una persona que no tiene el poder de decidir te traerá pocos beneficios. Por ejemplo, tu jefe te pide que termines una construcción para finales de semana. Es imposible que cumplas el plazo, puesto que no tienes los materiales necesarios, pero no servirá de nada que se lo demuestres con objetividad y serenidad a un colega. Contacta directamente a tu superior jerárquico y explícale la razón por la que no puedes responder de manera positiva a su petición.

¿CÓMO SER ASERTIVO SIN PARECER AGRESIVO O ARROGANTE?

Una persona asertiva no es ni agresiva, ni arrogante. A veces, este comportamiento es considerado como tal, pero se trata únicamente de una malinterpretación o de un error de comunicación. Cuida tu lenguaje verbal y corporal para no transmitir una mala imagen. Reafirmarse con entereza y confianza no significa pisar a los demás. Encuentra el equilibrio para expresar tus necesidades sin frustrar ni herir a tu interlocutor.

¿ASERTIVIDAD O EGOÍSMO?

Cuando manifiestas tu punto de vista, sobre todo con una negativa, no significa que estés siendo egoísta. Para ello, intenta expresarte de manera correcta: encuentra la armonía contigo mismo, respeta al otro y ten en cuenta vuestras necesidades respectivas para llegar a una solución en la que todos salgáis ganando.

¿CÓMO CAMBIAR MI COMPORTAMIENTO PARA SER MÁS ASERTIVO?

Empieza por llevar a cabo un trabajo sobre tu persona para aprender a conocerte. Hazte las preguntas adecuadas: «¿Quién soy? ¿Qué me gusta? ¿Qué odio? ¿Cuáles son mis capacidades, mis competencias? ¿Cuáles son mis puntos débiles? ¿Cuáles son mis temores, mis valores, mis límites, mis necesidades?».

A continuación, ármate de valor y expresa lo que piensas. Da tu opinión de manera tranquila, pero firme, asegurándote de que no vas a herir a tu interlocutor y de que respetas los intereses de cada uno. No olvides mantener una postura abierta y receptiva escuchando al otro y considerando su punto de vista.

¿QUÉ IMPACTO PUEDE TENER LA ASERTIVIDAD EN MI VIDA PROFESIONAL?

Este comportamiento transformará tu futuro profesional ayudándote a:

- desarrollar una comunicación y unas relaciones profesionales sanas y basadas en el respeto mutuo;
- disminuir las fuentes de conflictos y mejorar el ambiente general;
- motivar a tus equipos reafirmándote con confianza y entereza;
- imprimir más eficacia a tus reuniones;
- negociar o concluir un contrato con facilidad;

- decir «no» cuando tu agenda esté cargada;
- mejorar tu bienestar profesional y personal.

¡AHORA ES TU TURNO!

¿ERES ASERTIVO?

Este ejercicio te invita a evaluar tu nivel de asertividad y a descubrir los comportamientos que podrías mejorar. Piensa en un momento en el que, tras una petición de un colega o de un superior, has respondido afirmativamente a pesar de que te hubiese gustado rechazarla, y responde a las siguientes preguntas:

- ¿Qué te pedía tu interlocutor? ¿Era un «hay que» o un «estaría bien si»?
- ¿De qué tipo de límite se trataba para ti?
- ¿Cuáles eran tus deseos y tus necesidades en ese momento? ¿Los comunicaste?
- ¿Cuáles eran tus sensaciones? ¿Las evocaste?
- ¿Se respetaron tus valores?
- ¿Expresaste todo lo que querías? En caso afirmativo, ¿qué consecuencias tuvieron tus palabras? En caso negativo, ¿por qué?
- ¿Escuchaste y comprendiste las necesidades y los valores de tu interlocutor? En caso afirmativo, ¿cuáles eran? En caso negativo, ¿por qué?
- ¿Quién tomó la decisión final? ¿Tú, él o ambos buscando un compromiso? ¿Por qué?
- ¿Sentiste la necesidad de negociar y tuviste la oportunidad de hacerlo?
- Si el intercambio salió mal, ¿qué actitud podrías haber adoptado para acabar con una nota positiva?

ATREVERSE A REAFIRMARSE

Anota los distintos contextos en los que te ha resultado difícil reafirmarte. Este ejercicio te ayudará a conocerte mejor, a analizar las situaciones y a relativizarlas para atreverte a expresarte y a asumir tus necesidades

Ejercicio: atreverse a reafirmarse

Situación			
Mis límites/mis necesidades			
Negociaciones posibles			
Consecuencias si digo «no»			

PARA IR MÁS ALLÁ

FUENTES BIBLIOGRÁFICAS

- Corten, Philippe. 2006. *Tuer le stress avant qu'il ne nous tue! Manuel pratique de gestion du stress.* Bruselas: Clinique du Stress CHU Brugman.
- Assertivité, "Définition et utilité de l'assertivité", 2013. Consultado el 8 de noviembre de 2016. http://www.assertivite.net/definition-assertivite/
- Le Guernic, Agnès. "Les positions de vie". *AT.* Consultado el 3 de noviembre de 2016. http://analysetransactionnelle.fr/les-concepts-de-base/les-positions-de-vie/
- Tournebise, Thierry. 2001. "Assertivité. L'affirmation de soi dans le respect d'autrui". *Maieusthesie.* 20 de septiembre. Consultado el 3 de noviembre de 2016. http://maieusthesie.com/nouveautes/article/assertivite.htm

FUENTES COMPLEMENTARIAS

- Grivel, Sylvie. 2014. *Être soi dans ses relations. Développer son assertivité en entreprise.* París: Eyrolles.
- Hadfield, Sue y Gill Hasson. 2012. *Développez votre assertivité dans toutes les situations.* París: Leduc.s Éditions.
- Schuler, Éric. 1992. *Comment s'affirmer. L'assertivité au quotidien, ni hérisson, ni paillasson.* París: Éditions d'Organisation.
- VB Coach'in. 2015. *Domina la Comunicación No Violenta.* Traducido por Laura Bernal Martín. Bruselas: Plurilingua

Publishing.